Die Frage

der

Einführung der Berufung

gegen

die Urtheile der Strafkammern.

Vortrag

gehalten in der staatswissenschaftlichen Gesellschaft zu Straßburg
am 21. April 1884

von

Rechtsanwalt Dr. Alfred von Weinrich
zu Straßburg i. E.

Straßburg i. E.
Verlag von Karl J. Trübner.
1884.

Hochansehnliche Versammlung!

Von der ganzen Strafproceßordnung wird nichts mehr angefochten, als das Fehlen der Berufung gegen die Urtheile der Strafkammern. Namentlich geschieht dies von einem großen Theile der Praktiker und von Seiten des Publikums, während die Männer der Wissenschaft meist anderer Meinung sind. Diese auf Wiedereinführung der Berufung gerichtete Bewegung hat schließlich dahin geführt, daß beim Reichstag ein darauf bezüglicher Antrag eingebracht wurde. Ob mit Erfolg, bleibt abzuwarten. Denn es läßt sich auch das Vorhandensein einer starken Gegenströmung nicht leugnen, welche umsomehr Beachtung verdient, als sie besonders hervorragende Vertreter der criminalistischen Wissenschaft und Praxis zu ihren Anhängern zählt. Dieser Widerspruch stützt sich vorzugsweise auf Bedenken principieller Natur. Neben diesen Bedenken findet man, namentlich unter den Praktikern dieser Richtung, merkwürdige Zugeständnisse bezüglich der Mangelhaftigkeit unserer Strafkammerurtheile, so daß wir billig fragen, ob nicht gerade die Einführung der Berufung ein Mittel zur Hebung jener Mangelhaftigkeit bildet.

I.

Zu der Zeit, als die deutsche Strafproceßordnung berathen wurde, und selbst heute noch hält man vielfach die Berufung mit dem Princip der Mündlichkeit und Unmittelbarkeit unvereinbar. Man sagt, der Richter II. Instanz stütze sein Urtheil weniger auf die mündliche Verhandlung, als vielmehr auf die in I. Instanz erwachsenen Akten. Das Verfahren in der Berufungsinstanz sei kein mündliches, sondern seiner Natur nach ein schriftliches, bei welchem der über die Verhandlung in I. Instanz berichtende Richter in Folge seines Referats wenn auch nicht den Ausschlag bei der Urtheilsfällung gebe, so doch einen ungebührlichen Einfluß auf dieselbe habe. Aber selbst wenn man die in der Unterinstanz erwachsenen Akten gar nicht berücksichtigen wollte und der Berufungsrichter sein Urtheil ausschließlich auf das Verfahren, welches sich vor seinen Augen abspielt, zu stützen hätte, so wäre doch niemals dessen Urtheil in dem Maße, wie dasjenige des ersten Richters, der Sachlage entsprechend. Jener sei in der Regel schlechter informirt, als dieser. Namentlich würden die Beweismittel, insbesondere die Zeugen, im Laufe der Zeit an Werth verlieren. Die Erinnerung an das Geschehene verlöre an Lebendigkeit und Kraft und bekäme in Folge dessen der später urtheilende Berufungsrichter ein weniger getreues Bild von dem Vorgange, als der vor ihm urtheilende Instanzrichter, vor welchem die Zeugen die in Betracht kommenden Thatsachen mit ganz anderer Frische darstellen würden. Diesen Standpunkt hat kürzlich Geyer (in Fleischers deutscher Revue der Gegenwart, Jahrgang 1883, Seite 255 ff.) des Näheren ausgeführt. Er wendet sich darin gegen die Meinung, daß die Berufung im Interesse des Angeklagten liege. Nach ihm scheint das Rechtsmittel der Berufung, das man dem Angeklagten reichen will, „statt des Brodes ein Stein, wo nicht gar Schlimmeres zu sein". Denn es müßte dasselbe auch der Staatsanwaltschaft eingeräumt und der Angeklagte, welcher in I. Instanz von fünf Richtern freigesprochen worden sei, könne von den schlechter informirten Berufungsrichtern — wenn sieben zu Gericht säßen — mit derselben Zahl von Stimmen, welche seine Freisprechung bewirkt hätten, verurtheilt werden. Schließlich beruft sich Geyer noch darauf, daß in diesem Falle die qualvolle Untersuchungshaft des Angeklagten verlängert würde. „Man sieht", fährt er fort, „die Berufung ist ein Danaergeschenk für den Angeklagten, sie ist eines für Jedermann im Staat, für jenen quemvis ex populo, an den man sich bei solchen Fragen nicht immer lebhaft genug erinnert." Da die Anhänger der Berufung dieselbe hauptsächlich deshalb verlangen, weil in I. Instanz dem Angeklagten nicht genügend Gelegenheit zu seiner Vertheidigung gegeben würde, so verlangt Geyer eine Verallgemeinerung der nothwendigen Vertheidigung, welche gegenwärtig nur vor den Geschworenen und in bestimmten Ausnahmefällen auch vor den Strafkammern stattfindet. Ob die nothwendige Vertheidigung wirklich die Berufung zu ersetzen im Stande ist, kann hier noch nicht erörtert werden, und werde ich später darauf zurückkommen.

Ein weiterer sehr beachtenswerther Gegner der Berufung ist Stenglein (Gerichtssaal Bd. 33, Seite 561 ff.).

Stenglein sieht zwar in der Berufung eine Garantie für den Angeklagten und will dieselbe darum nur dann entbehrt wissen, wenn durch die Strafproceßordnung mehr für die Vertheidigung des Angeklagten, namentlich für den Entlastungsbeweis, gesorgt wird, als dies bisher der Fall ist. Er schlägt deshalb eine Abänderung der Strafproceßordnung in dem Sinne vor, daß das Gericht für verpflichtet erklärt werde, allen Beweisanträgen des Angeklagten stattzugeben, soferne sie für die Entscheidung erheblich erscheinen. Unter diesem Gesichtspunkte wäre nach ihm die Revision zu erweitern, welche sich auch noch über diejenigen gerichtlichen Entscheidungen und Verfügungen des Vorsitzenden zu erstrecken hätte, welche über Beweisanträge des Angeklagten ergangen sind, und wären die §§ 244, 375 und 377 8° in dem erwähnten Sinne abzuändern.

Mittelstädt (preuß. Jahrb. Bd. 50, S. 185 ff.) findet den Hauptgrund der Mangelhaftigkeit der Strafkammerurtheile in dem Odium, welches in der juristischen Welt gegen die criminalistische Thätigkeit existiren würde. Dadurch entstünde eine zu große Stabilität in der Besetzung der Strafkammern und würden sich in denselben nicht immer die erprobten bessern Kräfte, welche sich vielfach gegen die criminalistische Thätigkeit sträubten, sondern in der Regel gerade die jüngeren Kräfte, namentlich Assessoren finden, welche dann im Strafrecht die ersten Proben ihrer Befähigung zum Richter abzulegen hätten. Erwähnt sei hier noch das bekannte Ausschreiben des preußischen Justizministers, welches sich gegen diese Auffassung richtet. Der Mangel an Wechsel in den Collegien führe nach Mittelstädt zu einer geistigen Abstumpfung, die Urtheile der Strafkammern seien daher sehr dürftig begründet, wodurch das Rechtsmittel der Revision nicht unwesentlich erschwert werde. Dazu komme noch eine Ueberlastung der Strafkammern, weil man von der Ansicht ausgehe, daß fünf Richter mehr leisten könnten als drei. Den gerügten Uebelständen will Mittelstädt aber nicht durch Einführung der Berufung, sondern durch Ersetzung der Strafkammern durch Schöffengerichte und den Wegfall der bisherigen Schöffengerichte abhelfen.

Am eingehendsten hat Schwarze (Die Berufung im Strafverfahren und die Strafproceßordnung. Stuttgart 1883. Separatabdruck aus dem Gerichtssaale.) diese Frage untersucht. Er gelangt jedoch, wie bereits bemerkt wurde, zu einem negativen Resultate. Indeß ist ein genaues Studium der Schrift keineswegs im Stande, meine Bedenken gegen das Fehlen der Berufung zu beseitigen. Im Gegentheil müssen die Anhänger der Berufung in dieser Schrift Schwarze's einen schätzenswerthen Beitrag zur Begründung ihrer Anschauung finden, und zwar dies noch umsomehr, als sich die Aufstellungen Schwarze's auf sehr genaue Beobachtungen und sehr eingehende Untersuchungen stützen. Auf Seite 18 derselben stellt nämlich Schwarze die Frage: „Welche Erfahrungen sind es, durch welche der Ruf nach Wiedereinführung der Berufung wieder geweckt worden ist?" Nach ihm richten sich die Beschwerden theils gegen die Proceßgesetze selbst, theils gegen deren Handhabung und manche Vorkommnisse bei Abhaltung der Hauptverhandlung. Bezüglich des ersten Punktes enthalten dessen Ausführungen im Wesentlichen eine Reproduktion der Mittelstädt'schen. Was die Handhabung der Proceßgesetze anlangt, so registrirt Schwarze (Seite 22 ff.) die oft gehörte Behauptung, daß die Inappellität der Urtheile zu einer weniger gründlichen Beurtheilung des Schuldbeweises und zu einer raschern Verurtheilung des Angeklagten verleiten würde, während die Gegner der Berufung gerade von der Inappellität eine Steigerung, sowohl der Gründlichkeit in der Beurtheilung, als des Bewußtseins der Verantwortlichkeit erwartet hätten und bemerkt dazu (Seite 23): „Es ist auffallend, daß diese Behauptung immer häufiger gehört und zur Bestätigung auf verschiedene Urtheile Bezug genommen wird". Er findet den Grund des Uebels in dem Mißverständniß der freien Beweiswürdigung. Dadurch, daß die richterliche Beweiswürdigung von den Fesseln gesetzlicher Beweisregeln befreit worden, sei sie nicht von den durch die Logik und Erfahrung dargebotenen Regeln und Sätzen losgelöst, vielmehr sei durch die Aufhebung der gesetzlichen Beweisregeln, welche nur bestimmt gewesen, diese Regeln und Sätze in gewissen Normen zusammenzufassen, um so entschiedener auf diese Regeln und Sätze hingewiesen worden. Bei der Aufhebung der Beweistheorie habe man die Auffindung und Verwerthung jener Regeln und Sätze im einzelnen Falle nicht mehr durch gesetzlich vorgeschriebene Normen einengen wollen, das verständige Ermessen des Richters solle eintreten. Hiermit sei nicht eine Erleichterung verschafft, sondern die Anforderung an die Sorgfalt und Genauigkeit, mit welcher das Urtheilsgericht sie zu bewirken habe, sei gesteigert worden.

Keineswegs habe aber die Freigebung an die Stelle jener gesetzlichen Normen die Willkür und ein unkultivirtes dunkles Gefühl setzen und ihm den richterlichen Spruch überweisen wollen. Schwarze erkennt an, daß das Princip der freien Beweiswürdigung keineswegs von allen Richtern unter diesem Gesichtspunkte aufgefaßt werde. Man lege einen zu großen Werth auf den Gesammteindruck der Verhandlung, indem man die Schuldfrage nach diesem prüfe und dann erst die einzelnen Beweismomente untersuche, um zu sehen, ob dieser Gesammteindruck auch richtig sei. Es werde zu viel Bedeutung dem Verhalten des Angeklagten und der Zeugen in der Sitzung beigemessen, was zu Trugschlüssen vielfach Veranlassung geben würde. Auf Seite 26 gibt Schwarze ferner zu, daß eine Verflachung der Beweiswürdigung in den richterlichen Urtheilen sich häufiger als früher geltend mache. Besonders rügte er, daß man der Recognition des Angeklagten durch einen Zeugen in der Hauptverhandlung einen zu großen Werth beilege, während gerade ein großer Theil der Freisprechungen im Wege der Wiederaufnahme des Verfahrens darthun würde, daß diese Recognitionen leichtfertig und oberflächlich bewirkt worden seien, so daß sie später hätten zurückgenommen werden müssen. Mit dieser Verflachung der Beweiswürdigung stehe die ungenügende Motivirung der Urtheile in Verbindung und würde namentlich die Begründung des Schuldausspruches oft eine auffällige Dürftigkeit und Schwäche zeigen: „Einwendungen gegen die Glaubwürdigkeit einzelner Zeugen, sei es nach ihrer Persönlichkeit, sei es nach Inhalt ihrer Aussage, sind . . . ohne nähere Prüfung beseitigt — Widersprüche in den Aussagen der Zeugen einfach todtgeschwiegen — und an die Stelle sorgfältiger Motivirung tritt der kategorische Spruch der unverantwortlichen Entscheidung" (Seite 28). Ein weiterer Fehler liege in der Dürftigkeit der Sitzungsprotokolle und würden sowohl dadurch, als auch durch die dürftige Motivirung der Urtheile die Rechtsmittel der Revision und der Wiederaufnahme des Verfahrens außerordentlich erschwert. Bezüglich der Vorkommnisse bei Abhaltung der Hauptverhandlung tadelt Schwarze (Seite 44) zunächst die Ueberhastung der Verhandlung, indem dieses Drängen nach Schluß, welches ja häufig durch das Verhalten des Angeklagten und der Zeugen veranlaßt werde, nachtheilig auf den Gang der Verhandlung einwirke. Sodann wendet er sich gegen das Odium, das bei den Gerichten gegen die Beweisanträge des Angeklagten herrsche, und gegen die Art und Weise der Eidesabnahme, welche leicht zu Meineiden führe. Und trotz alledem will Schwarze keine Berufung. Er sagt gegen den Schluß seiner außerordentlich gründlichen Abhandlung (Seite 49): „Wir schließen die Erörterungen, indem wir dieselben dahin resumiren, daß die Einführung bezw. Wiedereinführung der Berufung unbedingt nicht im Stande ist, die Beschwerden, welche gegen das jetzige Strafverfahren im Interesse des Angeklagten geltend gemacht werden und deren Wurzel in dem Mangel der Berufung gefunden wird, zu erledigen, vielmehr durch andere Bestimmungen der P.-O. und die Handhabung des Gesetzes veranlaßt sind. Die Einführung bezw. Wiedereinführung der Berufung würde nur nachtheilig für den Angeklagten wirken." Schwarze verlangt statt dessen eine möglichst erschöpfende Vorbereitung der Hauptverhandlung, Belehrung des Angeklagten über die Anklageschrift und deren Inhalt durch den Vorsitzenden oder einen anderen Richter, und mündliche Aufforderung an den Angeklagten, was er gegen die Anklage noch vorzubringen hätte, Abschaffung der Vereidigung der Zeugen im Vorverfahren, Erweiterung der Befugnisse der Staatsanwaltschaft, welche in ihrer jetzigen Stellung nicht für den Angeklagten thätig sein könne, der Vertheidigung im Vorverfahren längere Fristen einzuräumen, die nothwendige Vertheidigung zu erweitern und endlich die Einführung der Schöffengerichte an Stelle der bisherigen Strafkammern, worüber er sich in einer späteren Arbeit auszusprechen gedenkt. Bemerkt soll hier noch werden, daß sich Schwarze (Seite 6) für seine Ansicht darauf beruft, daß man in Sachsen seit der rev. St.=P.=O. von 1868 sich nicht über das Fehlen der Berufung beklagte. Allein dort hat sie auch nach der rev. Str.=P.=O. zu Gunsten des Angeklagten gegen das Strafmaß bestanden, wenn auch die thatsächlichen Feststellungen nicht angegriffen werden konnten. Indeß die Prüfung der Frage, ob der Unterrichter das Strafmaß richtig angewendet habe, setzt naturgemäß eine Prüfung des ganzen Urtheils, auch bezüglich des Thatbestandes, voraus. An einer möglichst genauen Feststellung desselben hatte also der Unterrichter ein Interesse, soferne er die Aufrechterhaltung seines Urtheils wünschte.

Weiter ist hier noch eine Arbeit von Petersohn im Archiv für Strafrecht, Bd. 30, Seite 245 ff. zu er=

wähnen, welcher aus den bereits erwähnten Gründen die Berufung verwirft, für Verallgemeinerung der Schöffengerichte plaidirt und im Interesse einer einheitlichen Rechtsprechung die Zuständigkeit des Reichsgerichts für alle Fälle der Revision, soferne es sich um eine unrichtige Anwendung des Reichsrechts handelt, verlangt.

II.

Die Freunde der Berufung fordern dieselbe als ein Schutzmittel für den Angeklagten. Der Hauptgrund, den sie außer der allgemeinen Wahrheit, daß die Ansicht eines Richtercollegiums nicht immer genügende Anhaltspunkte für die Schuld einer Person abgebe, für die Berufung geltend machen, ist der, daß der Angeklagte in zahlreichen Fällen erst durch die Hauptverhandlung und selbst durch die Begründung des Urtheils erfahre, wie er seine Vertheidigung hätte einrichten sollen. Auch der Antrag Munkel und die durch ihn angeregte Bewegung steht auf diesem Standpunkte, obgleich Munkel und seine Anhänger zugeben, daß durch die Berufung die Urtheile erster Instanz bessere werden. Indeß betrachten sie dies nur als eine Wirkung der Berufung, nicht aber als deren Zweck und sehen die Rechtsordnung durch das Fehlen der Berufung lediglich deshalb als geschädigt an, weil in diesem Falle die Verurtheilungen Unschuldiger häufiger vorkämen. Als Schutzmittel für den Angeklagten ist die Berufung nur dann zu betrachten, wenn das Recht der Staatsanwaltschaft, gegen denselben Berufung einzulegen, völlig ausgeschlossen ist. Diese Consequenz zieht aber der Antrag Munkel nicht. Munkel will in richtiger Erkenntniß, daß damit nicht durchzudringen ist, der Staatsanwaltschaft dieses Recht in beschränktem Maße einräumen. Bei politischen Verbrechen und solchen, welche die öffentliche Ordnung und den religiösen Frieden interessiren (§§ 80—135, 139, 166 u. 167 R.-Str.-G.), soll zum Nachtheil des Angeklagten der Staatsanwaltschaft die Berufung überhaupt nicht, in den übrigen Fällen nur bei Auffindung von Noven zustehen. Allein wenn die Berufung eingeführt werden soll, so kann keine Regierung — auch die freisinnigste nicht — um ihrer selbst willen in den zu der obigen Kategorie gehörigen und das Staatswohl so sehr bedrohenden Verbrechen ein Berufungsrecht der Staatsanwaltschaft zum Nachtheil des Angeklagten ausschließen. Das auf Noven beschränkte Berufungsrecht der Letzteren ist mit dem Garantiestandpunkte unvereinbar, indem der freigesprochene Angeklagte, namentlich, wenn in Folge der Berufung des Staatsanwalts die Untersuchungshaft verordnet wird, ganz erhebliche Nachtheile erleidet. Das Berufungsrecht der Staatsanwaltschaft bildet denn auch den Punkt, an welchem die Gegner der Berufung immer und immer wieder die Hebel ansetzen, um sie schließlich zur Rettung des Princips zu Fall zu bringen. Die doktrinären Bedenken können auch nicht durch den Hinweis auf den Schutz des Angeklagten beseitigt werden, welchem, damit ja nicht auf die Berufung zurückgegriffen werde, neue Garantieen geboten werden sollen, sondern nur durch denjenigen auf das höher stehende Interesse einer gesunden Rechtspflege. Man muß die Berufungsfrage von der Garantiefrage trennen. Nicht darauf kann es ankommen, ob durch die Berufung verhütet werden soll, daß kein Unschuldiger verurtheilt werde, sondern allein darauf, ob durch dieselbe bewirkt werde, daß die in I. Instanz erlassenen Urtheile dem concreten Thatbestande mehr entsprechen, mithin gerechtere Urtheile erlassen werden. Das Hauptinteresse des Staates liegt an der Gerechtigkeit der Richtersprüche und hat jener dasselbe Interesse daran, daß kein Unschuldiger bestraft werde, wie daß kein Schuldiger der verdienten Strafe entrinne. Ich werde später darauf zurückkommen, ob die Berufung wirklich ein zur Verbesserung der Rechtspflege in dem erwähnten Sinne geeignetes Mittel ist. Ist dem aber so, dann muß der Staatsanwaltschaft das Recht der Berufung in gleichem Maße eingeräumt werden, wie dem Angeklagten.

Das Verfahren in II. Instanz ist allerdings nicht in dem Maße ein unmittelbares, wie das in I. Instanz. Allein daraus folgt noch lange nicht, daß dasselbe ein schriftliches sei, wie die Gegner der Berufung glauben machen wollen. Mag jener Umstand auch manches Mißliche im Gefolge haben, so unterliegt es doch keinem Zweifel, daß man der angeblichen Unvereinbarkeit dieses Rechtsmittels mit dem Principe der Mündlichkeit und Unmittelbarkeit „eine ungebührliche, abstrakte Zuspitzung gegeben hat", was selbst Mittelstädt anerkennt. Die Erfahrung zeigt, daß der Richter II. Instanz fast in allen Fällen bestimmen kann, ob der Richter I. Instanz auch sachgemäß geurtheilt hat. Wollte man die Berufung verwerfen, weil der Berufungsrichter sehr häufig sein Urtheil auf Grund der in I. Instanz erwachsenen Gerichtsakten zu fällen habe, dann wäre auch § 222 der R.-Str.-P.-O. mit dem heutigen Strafverfahren unvereinbar. Nach § 222 cit. können nämlich Zeugen und Sachverständige, welche wegen nicht zu beseitigender Hindernisse nicht in der Hauptverhandlung erscheinen können oder deren Erscheinen in derselben wegen großer Entfernung besonders erschwert wird, vor einem beauftragten oder ersuchten Richter vernommen werden. Denn auch hier urtheilt das Gericht auf Grund der vor jenem Richter erwachsenen Akten. Ja, diese Zeugen werden sogar nicht einmal öffentlich vernommen. Es fehlt also jede öffentliche Controle darüber, daß sie nicht in ihren Aussagen beeinflußt wurden und dieselben auch völlig frei, ohne Stellung von Suggestivfragen, abgegeben haben. Die Vorschrift, daß in diesen Fällen der Vertheidiger des Angeschuldigten zu benachrichtigen ist, § 191 R.-Str.-P.-O., hat deshalb wenig Werth, weil in sehr vielen Fällen der Angeschuldigte überhaupt nicht oder jedenfalls zu der Zeit, in welcher diese Zeugen vor einem Einzelrichter vernommen zu werden pflegen, noch nicht vertheidigt wird. Erfahrungsgemäß geschieht die Wahl des Vertheidigers gewöhnlich erst nach Zustellung der Anklageschrift, in welcher als Beweismittel auf die Aussagen der nach § 191 R.-Str.-P.-O. bereits vernommenen aber an ihrem Erscheinen in der Sitzung verhinderten Zeugen Bezug genommen wird. Es fällt Niemanden ein, dieses Verfahren als mit den Grundsätzen des modernen Strafprocesses unvereinbar zu erklären, weil dasselbe in sehr vielen Fällen zur Wahrheitsermittelung erforderlich erscheint, also ein öffentliches Interesse dasselbe erheischt.

Auffallend erscheint, daß die Gegner der Berufung in Strafsachen deren Zulässigkeit in Civilsachen nicht bekämpfen. Man sagt, der Beweis im Civilprocesse bedürfe viel weniger der Mündlichkeit, als derjenige im Strafprocesse. Jener sei einfacher, meist unmittelbar auf fest abgeschlossene, begrenzt und bestimmt bezeichnete Thatsachen gerichtet, dieser meist ein Indicienbeweis, in welchem die einzelnen Thatumstände nur die Basis zur Construction des Beweises bilden und viel schwieriger festzustellen seien (vgl. Schwarze, l. c. Seite 18). Dem ist aber nicht so. Sehr häufig erhält in Civilsachen — namentlich gilt dies vom amtsgerichtlichen Verfahren, wo die Parteien oftmals durch nicht rechtskundige Personen vertreten sind, meist sogar sich selbst vertreten — der Rechtsstreit seine eigentliche Gestaltung erst im Beweisverfahren, und erfährt der Richter erst da, warum es sich in dem concreten Falle eigentlich handelt. Der Richter hat in zahllosen Fällen auf das Verhalten der Parteien und der Zeugen in der Sitzung und die Art und Weise zu achten, wie sie ihre Erklärungen bez. Aussagen abgeben, um den Werth der erwähnten Aeußerungen bemessen und darauf sein Urtheil bauen zu können. Der Civilrichter ist weit weniger in der Lage, im Voraus urtheilen zu können, wie der Proceß ausgeht, als der Strafrichter; der Letztere hat dafür Anhaltspunkte an den Untersuchungsakten. Ja diese bilden nicht selten die Grundlage für die Leitung der Verhandlung, mitunter sogar für die Urtheilsfällung. Der

Gang der Verhandlung in der Sitzung ist also in der Praxis für die Urtheilsfällung in Civilsachen nicht selten von größerer Bedeutung, als in Strafsachen, während sich in der Theorie der Werth der Mündlichkeit in Civil- und Strafsachen völlig gleichsteht. Warum Viele in Civilsachen der Mündlichkeit und Unmittelbarkeit einen weniger großen Werth als in Strafsachen beilegen wollen, mag sich daraus erklären, daß für Civilsachen das mündliche Verfahren in dem größten Theile Deutschlands jünger ist und sich noch nicht in dem Maße eingelebt hat, wie in Strafsachen. Bestreitet man aber dort nicht die Zweckmäßigkeit der Berufung, wo doch dieselben doktrinären Gründe vorhanden sind, so ist auch keine Ursache aufzufinden, sie hier nicht zuzulassen, zumal die berufungslosen Strafkammerurtheile zu den schwersten Bedenken Anlaß geben.

III.

Bei Beantwortung der Frage, ob die von Schwarze, Mittelstädt und auch von Bar (in der Deutschen Revue der Gegenwart, Jahrgang 1882, Seite 372) behauptete Verflachung der Beweiswürdigung, Dürftigkeit der Sitzungsprotokolle und der Motivirung der Urtheile durch die Einführung der Berufung beseitigt werden können, dürfte von folgenden Erwägungen auszugehen sein. Jeder Mensch, mithin auch der Richter, hat das natürliche Bestreben, daß Verfügungen, welche er auf Grund irgend welcher Machtvollkommenheit erlassen hat, auch wirklich aufrecht erhalten und zur That werden. Dieses Bestreben liegt so sehr in der menschlichen

Natur begründet, daß es unnöthig erscheint, noch weiter Worte darüber zu verlieren. Concret für unsere Frage gesprochen, findet sich also bei jedem Richter in größerer oder geringerer Stärke das aus der Beschaffenheit der menschlichen Natur hervorgegangene Bestreben, das von ihm gesprochene Urtheil möglichst gegen Rechtsmittel zu sichern. Als besonders interessant verdient hier eine Aeußerung von Peter Reichensperger bei der zweiten Lesung des Entwurfs der C.-P.-O. in der Justizcommission (Prot. Seite 708) hervorgehoben zu werden. Man habe nämlich, so führt er aus, beim preußischen Obertribunal die Wahrnehmung gemacht, daß das Berufungsgericht, dessen rechtliche Auffassung reprobirt worden sei, durch die Art und Weise, wie es die Thatsachen würdige, wieder zu demselben Resultate wie bei der ersten Entscheidung zu gelangen suche.

Die Sicherung gegen den Erfolg von Rechtsmitteln ist aber eine verschiedene, je nachdem es sich um eine Revision oder um eine Berufung handelt.

Durch Einlegung der Revision kann bekanntlich ein Urtheil nur angegriffen werden, wenn eine Rechtsnorm nicht oder nicht richtig angewendet wurde. Revision ist nicht möglich, wenn die dem Urtheil zu Grunde liegenden Thatsachen unrichtig gewürdigt wurden. Um sein Urtheil vor Revision zu schützen, hat also der Richter die im concreten Falle auf den von ihm festgestellten Thatbestand passenden Rechtssätze anzuwenden und die vorgeschriebenen Formalitäten genau zu beobachten. Dies ist ein Mittel, nicht aber das einzige. Es wurden bereits Aussprüche von Mittelstädt und von Schwarze angeführt, daß mit der

Dürftigkeit der Entscheidungsgründe die Abschwächung des Rechtsschutzes, welchen das Rechtsmittel der Revision gewährt, in inniger Verbindung stehe. Das Gleiche gilt von den dürftigen Sitzungsprotokollen. Bei der Dürftigkeit der Sitzungsprotokolle über den Gang der Hauptverhandlung und der schrankenlosen Anwendung der freien Beweiswürdigung kann der Richter, ohne sich über zweifelhafte Rechtsfragen den Kopf zerbrechen zu müssen, leicht sein Urtheil gegen den Erfolg einer Revision sichern. Er hat es in der Hand, Geständnisse und Zeugenaussagen zu supponiren und schwierige Rechtsfragen durch thatsächliche Feststellungen zu umgehen. Ob das thatsächlich der Fall ist, soll dahingestellt bleiben, möglich ist Derartiges jedenfalls und solche Möglichkeiten muß ein gutes Gesetz verhüten. Dagegen werden freilich die Gegner der Berufung einwenden, daß man, wenn dem so ist, die Revision überhaupt abschaffen soll. Denn ebenso gut, wie Urtheile I. Instanz, können auch Urtheile II. Instanz auf diesem Wege gegen den Erfolg einer Revision gefeit werden. Gewiß. Aber die Urtheile II. Instanz sind bei weitem weniger zahlreich und darum auch das Uebel weniger groß und dann haben sie ein anderes Urtheil als Grundlage, das je nach Lage der Sache oftmals vom Revisionsrichter ebenfalls in Betracht zu ziehen ist und das diejenigen Eigenschaften besitzt, welche berufungsfähige Urtheile vor berufungslosen auszeichnet.

Anders, wie die Möglichkeit einer Revision, wirkt diejenige einer Berufung. Bei dieser spielt in der Regel die Frage der richtigen Würdigung des dem Erstrichter vorgelegenen thatsächlichen Materials durch den Letztern die Hauptrolle, unbeschadet der Befugnisse der Parteien, in der II. Instanz nova vorzubringen. Will der erste Richter, daß sein Urtheil in der oberen Instanz aufrecht erhalten werde, so wird er den Oberrichter zu überzeugen suchen, daß sein Urtheil dem Ergebnisse der Hauptverhandlung auch thatsächlich entspricht. Zu diesem Zwecke ist jener aber genöthigt, diesem den Weg zu zeigen, auf welchem er zu dem in dem Dispositiv des Urtheils ausgedrückten Resultate gelangte. Dies ist aber ohne eingehende Würdigung des Thatbestandes in dem Urtheile unmöglich. Die so oft gehörte Phrase, das Gericht habe aus den Verhandlungen die Ueberzeugung gewonnen oder nicht gewinnen können, genügt zur Rettung des Urtheils jedenfalls nicht. Die wohlthätige Wirkung, welche durch die Möglichkeit einer Berufung auf die Beweiswürdigung und die Begründung der erstinstanziellen Urtheile ausgeübt wird, wird sich auf alle Urtheile niederer Instanzen äußern, weil der Unterrichter niemals wissen kann, ob der Angeklagte oder der Staatsanwalt in dem einen oder andern Falle appellirt. Auf diese Weise wird aber die Rechtsprechung überhaupt verbessert.

Ein weiterer Vortheil der Berufung liegt in der Herbeiführung einer Controle des Urtheils durch das Sitzungsprotokoll. Da nämlich der Oberrichter, um prüfen zu können, ob der Unterrichter richtig geurtheilt hat, ein möglichst genaues Bild der Verhandlung in der untern Instanz haben muß und dies nur durch eine genaue Aufzeichnung aller Vorkommnisse in derselben hergestellt werden kann, so werden die Sitzungsprotokolle statt, wie bisher, eine lückenhafte Skizzirung, nach etwaiger Einführung der Berufung eine möglichst genaue Angabe des Ganges der Hauptverhandlung, insbesondere eine getreue Reproduktion der Zeugenaussagen enthalten, wodurch eine Controle für die richtige Redaction der Urtheile geschaffen wird. Geyer verwirft allerdings die schriftlichen Aufzeichnungen (l. c. Seite 259), weil sie dem Verfahren Frische, Unmittelbarkeit und Schleunigkeit rauben würden. Ist denn Schleunigkeit des Verfahrens so gar sehr zu empfehlen, wenn es sich um ein so hohes Gut, wie die persönliche Freiheit, handelt? Ein rasches Urtheil ist nicht immer ein richtiges und der äußere Eindruck sehr oft trügerisch.

Durch Beseitigung sämmtlicher Beweisregeln und deren Ersetzung durch die freie Beweiswürdigung wurde die diskretionäre Gewalt des Richters außerordentlich erweitert. Mißbräuche sind hier, wie bei jeder diskretionären Gewalt, eher möglich, als wenn der Ausübung der Macht gewisse Schranken gesetzt sind. Die Erhöhung der diskretionären Gewalt fordert eine Erhöhung der Controle und eine solche findet sich für den mit so großen Befugnissen versehenen Richter in der Berufung. Es finden hier die Worte Ludwig von Bar's (vgl. v. Holtzendorff, Encykl. Bd. I, Seite 638, 3. Aufl.) Anwendung: „Rechtsmittel und höhere Instanzen sind bei mehr entwickelter Cultur schon deshalb nothwendig, um die Gerichte bei deren großer Machtvollkommenheit vor Willkür zu bewahren“.

Dagegen wird man allerdings einwenden, warum fordert man eine Controle der diskretionären Gewalt bei gelehrten Richtern, während man jene bei den Geschworenen, welche ohne Gründe für ihr Votum anzugeben, die ihnen vorgelegten Fragen bejahen oder verneinen müssen, nicht verlangt. Dies hängt mit der eigenthümlichen Struktur der Geschworenengerichte zusammen, welche zum Theil aus Mißtrauen gegen die Urtheile gelehrter Richter entstanden sind und einen starken politischen Hintergrund besitzen. Dieser Umstand erschwert es denn auch außerordentlich, die gar nicht unbedeutenden Bedenken in juristisch-technischer Hinsicht gegen dieselben zur Geltung zu bringen und eine sachgemäße Erörterung der Frage, namentlich in parlamentarischen Kreisen, zu veranlassen. Es würde zu weit führen, wenn ich mich an dieser Stelle über den Werth oder Unwerth der Geschworenengerichte aussprechen wollte. Ich will hier nur die Thatsache erwähnen, daß eine größere Neigung zu Freisprechungen bei Geschworenen, als bei gelehrten Richtern sich findet. So sind nach der deutschen Justizstatistik im deutschen Reich im Jahre 1881 bei den Strafkammern 14 % und den Schwurgerichten 27 % sämmtlicher Angeklagten freigesprochen worden. (Jakobi, Der Rechtsschutz im deutschen Strafverfahren. Berlin 1883. Seite 61, Note 3.)

Aber nicht nur für die Rechtsprechung in I. Instanz, sondern auch für diejenige des Reichsgerichts ist die Einführung der Berufung von nicht zu unterschätzender Bedeutung. Wenn die Möglichkeit der Einführung der Berufung zu einer ausführlichern Motivirung der Urtheile und genauern Sitzungsprotokollen in der Unterinstanz führt, so wird das dem Reichsgericht zu Gebote stehende Material verbessert und ist in Folge dessen ein Eingehen in die im concreten Falle in Betracht kommenden Rechtsfragen leichter oder je nachdem überhaupt möglich. Bekannt ist ferner, daß das Fehlen der Berufungsinstanz zu einer außerordentlich häufigen Anwendung des Rechtsmittels der Revision und dadurch zu einer Ueberlastung des Reichsgerichts führt. Bei der hohen Bedeutung, welche dieser Gerichtshof für die Rechtsprechung überhaupt besitzt, erscheint aber eine Ueberlastung an dieser Stelle geradezu als gefährlich. Die Uebelstände, welche eine so bedeutende Ueberlastung im Gefolge haben, hat man auch an maßgebender Stelle erkannt und wird in Folge dessen ein vierter Strafsenat beim Reichsgericht errichtet. Ob diese Vermehrung der Senate genügt, wird die Zukunft lehren. Werden in Folge einer zwischen dem Reichsgerichte und den Strafkammern stehenden Berufungsinstanz die Revisionen so sehr vermindert, dann wird es auch möglich sein, die Revisionen gegen die Urtheile der Strafkammern als Berufungsgerichte gegen schöffengerichtliche Urtheile wegen Verletzung reichsrechtlicher Normen, statt, wie bisher, an die Oberlandesgerichte, was Petersohn (l. c. Seite 254) mit Recht tadelt, an das Reichsgericht zu bringen, wodurch die Einheitlichkeit der Rechtsprechung wesentlich gefördert wird.

IV.

Von den Schriftstellern, welche gegen die Einführung der Berufung aufgetreten sind, werden, wie bereits bemerkt wurde, die Mängel des Verfahrens der heutigen Strafkammern und die Unzulänglichkeit der dem Angeklagten gewährten Garantien, welche die Berufung ersetzen sollen, anerkannt. Nur macht man, um ja „die Pandorenbüchse", wie Geyer (l. c. Seite 260) sich ausdrückte, „nicht öffnen zu müssen", allerhand Verbesserungsvorschläge. Dahin gehört vor Allem der von Geyer gemachte Vorschlag der Verallgemeinerung der notwendigen Vertheidigung. Allein dadurch werden keineswegs die Mängel gehoben, welche dem Verfahren und den berufungslosen Urtheilen der Strafkammern ankleben. Man überschätzt überhaupt Werth und Bedeutung der Vertheidigung, namentlich gelehrten Richtern gegenüber. Das alte: odium defensorum et defensionis findet sich auch heute noch bei Richtern wie bei Anwälten. Gewiegte und erfahrene Rechtsanwälte nehmen nicht gerne und nur ausnahmsweise in causes celèbres Vertheidigungen an, während die Mehrzahl der Vertheidigungen meistens jungen Anwälten, nicht selten sogar Referendarien überlassen wird, welchen man auf diese Weise Gelegenheit gibt, ihre ersten oratorischen Lorbeeren zu ernten!

Ein Ersatz für die Berufung soll ferner in der Umwandlung der heutigen Strafkammern in Schöffengerichte gefunden werden. Der Werth der letztern wird jedoch gleichfalls überschätzt. In dem Schöffengerichte hat der gelehrte Richter vermöge seiner größern Rechtskenntniß und Erfahrung über die rechtsungelehrten und nur ad hoc zur Urtheilsfindung berufenen Schöffen das natürliche Uebergewicht. So erzählt Jakobi

(Rechtsschutz Seite 103), „daß, als einmal vorkam, daß ein Richter von den Schöffen überstimmt wurde, er dies als ein unerhörtes Ereigniß erklärte". Mag dies auch Uebertreibung sein, so liegt das Uebergewicht des Richters über die Schöffen so sehr in der Natur der Sache, daß wohl in den meisten Fällen die Ansicht des Richters ausschlaggebend sein wird. Dadurch verliert aber die Mitwirkung des Laienelements bei der Urtheilsfindung an Bedeutung. Richtig ist allerdings, daß bei einer Mitwirkung von Laien ein schablonenhaftes Behandeln der Sachen weniger zu fürchten ist. Allein der Hauptvorwurf richtet sich gegen die Redaction der Urtheile. An dieser haben aber die Schöffen, welche nach der Sitzung wieder ihren bürgerlichen Geschäften nachgehen, in der Regel keinen Antheil. Sie brauchen das Urtheil nicht einmal zu unterschreiben. § 275 Abs. 2 R.-Str.-P.-O. Dasselbe entbehrt in diesem Falle für die Richtigkeit der Begründung also jeder Controle seitens der Mitrichter.

Inwiefern durch die weiter noch vorgeschlagenen Reformen der Verflachung der Beweiswürdigung, der Dürftigkeit der Urtheilsgründe und der Sitzungsprotokolle abgeholfen werden kann, vermag ich nicht einzusehen, wenn ich auch gerne zugebe, daß dadurch die Stellung des Angeklagten erheblich günstiger wird. Sobald man sich auch im Strafprocesse daran gewöhnt, weniger auf doktrinäre Bedenken zu achten, wie man dies in Fragen des Civilrechts und Processes, Dank der historischen Schule, längst überwunden hat, und den Bedürfnissen des Lebens eine größere Berücksichtigung angedeihen läßt, so wird man von selbst dazu kommen, in der Berufung eine heilsame Institution und eine sichere Gewähr für eine gesunde Rechtspflege zu erblicken!

V.

Die Gegner der Berufung suchen deren Einführung dadurch hintan zu halten, daß sie aufstellen, die Strafproceßordnung würde noch zu kurze Zeit fungiren, als daß man über die Wirksamkeit des Fehlens jenes Rechtsmittels ein endgültiges Urtheil abgeben könne und außerdem habe dieselbe so viele Mängel aufzuweisen, daß im Laufe der Jahre jedenfalls eine Revision stattfinden müsse, wobei sich dann Gelegenheit zu einer abermaligen und auf praktische Erfahrungen gestützten Erörterung der Berufungsfrage böte. Nun weiß aber Jedermann, daß die Strafproceßordnung bei ihrer Berathung wegen der mit Recht oder Unrecht, was dahingestellt bleiben mag, hereingezogenen doktrinären und politischen Gesichtspunkte außerordentliche Schwierigkeiten bereitete und überhaupt nur auf dem Wege des Compromisses zu Stande kam. Diese Schwierigkeiten würden bei einer Gesammtrevision abermals hervortreten und möglicherweise diese selbst vereiteln. Ist die Einführung der Berufung wirklich ein dringendes Bedürfniß, dann darf damit auch nicht gewartet werden. Die Uebelstände, wie sie Mittelstädt und namentlich Schwarze uns schildern, und welche, wie ich auszuführen versucht habe, zum großen Theil auf die Berufungslosigkeit der Strafkammerurtheile zurückzuführen sind, fordern schleunige Abhilfe, soll nicht das Vertrauen in die Rechtspflege erschüttert werden. Wenn irgendwo, so gilt in Fragen der Gesetzgebung der Satz: vox populi, vox Dei. Der Ruf nach Einführung der Berufung wird, das bezeugen uns alle Gegner derselben, ungeachtet aller Bemühungen dieser Letztern immer lauter und würde vielleicht noch mehr Beachtung gefunden haben, wenn nicht deren Freunde die Garantiefrage mit der Berufungsfrage vermengen und so den Gegnern die Waffen zu ihrer Bekämpfung liefern würden. Das Publikum verlangt außer Einführung der Berufung vorerst keine weitern Reformen. Die andern Verbesserungsvorschläge gehen ausschließlich von Fachleuten aus und werden großentheils gemacht, um jenes Verlangen zu beseitigen.

Allerdings ist es eine mißliche Sache, wenn in der Praxis hervorgetretene Uebelstände Veränderungen an einem Gesetz erheischen, welches sich kaum in die Praxis eingelebt hat. Diese Aenderungen sind daher auf das Nothwendigste zu beschränken. Daraus ergibt sich, daß nur solche Normen des Gerichtsverfassungsgesetzes und der Strafproceßordnung neu zu treffen oder abzuändern sind, welche entweder die Einführung der Berufung unmittelbar bedingt oder deren Fortbestehen als Anomalie erscheint.

Ein anderer Gesichtspunkt, welcher hier in Betracht zu kommen hat, ist die Kostenfrage. Die Gegner der Berufung stützen sich besonders auf die bedeutenden Mehrkosten, welche die Einführung derselben im Gefolge hätte. Dem ist aber nicht so. Um das für die Berufung nöthige Personal zu gewinnen, kann sehr wohl an dem bisher für die I. Instanz nöthigen gespart werden. Drei Richter erscheinen hier völlig ausreichend, zumal, wie Mittelstädt uns bezeugt, fünf Richter die Garantien für den Angeklagten keineswegs erhöhen. In der Berufungsinstanz könnten dann, wie in Civilsachen, fünf Richter sitzen. Die Freunde der Berufung sind zwar mit dem Vorschlage eines Dreimännercollegiums für die untere Instanz einverstanden, verlangen aber Einstimmigkeit für die Verurtheilung. Durch einen derartigen Vorschlag, welcher ebenfalls unter dem Gesichtspunkte der Garantieerhöhung gemacht wird, werden die Schwierigkeiten abermals vermehrt, indem jener zweifellos auf großen Widerstand stoßen wird. Es gilt hier eben auch der Satz, das Bessere ist der Feind des Guten. Will man die Berufung durchsetzen, so dürfen andere Fragen nicht hereingezogen werden.

VI.

Unter Bezugnahme auf das oben Erwähnte hätten die einschlägigen Bestimmungen des G.-V.-G. und der Str.-P.-O. fernerhin folgendermaßen zu lauten:

A. Gerichtsverfassungsgesetz.

§ 77.

Die Kammern entscheiden in der Besetzung von drei Mitgliedern mit Einschluß des Vorsitzenden.

(Der folgende Satz fällt aus.)

§ 123.

Die Oberlandesgerichte sind zuständig für die Verhandlung und Entscheidung über die Rechtsmittel:

2. Der Berufung gegen Urtheile der Strafkammern in I. Instanz.

3. Die Revision gegen Urtheile der Strafkammern in der Berufungsinstanz, sofern die Revision ausschließlich auf die Verletzung einer in den Landesgesetzen enthaltenen Rechtsnorm gestützt wird.

§ 136.

In Strafsachen ist das Reichsgericht zuständig:

2. für die Verhandlung und Entscheidung über die Rechtsmittel:

a. Der Revision gegen die Urtheile der Oberlandesgerichte und der Strafkammern in der Berufungsinstanz, insoweit nicht die Zuständigkeit der Oberlandesgerichte begründet ist, und gegen Urtheile der Schwurgerichte.

b. Der Beschwerden gegen Entscheidungen der Oberlandesgerichte.

(Absatz 2 fällt fort.)

B. Strafproceßordnung.

§ 273 (Abs. 2).

. . . Die wesentlichen Ergebnisse der Vernehmungen müssen ebenfalls in das Protokoll aufgenommen werden.

§ 346 (Abs. 3).

Gegen Beschlüsse und Verfügungen des Reichsgerichts findet eine Beschwerde nicht statt.

§ 354.

Die Berufung findet statt gegen die Urtheile der Schöffengerichte und gegen die in erster Instanz ergangenen Urtheile der Strafkammern der Landgerichte.

§ 374.

Die Revision findet statt gegen:

1. Die Urtheile der Schwurgerichte.
2. Die auf Berufung ergangenen Urtheile.

§ 380.

Fällt fort.

§ 399 (Schlußsatz in Ziff. 5).

In den vor den Schöffengerichten und den Strafkammern der Landgerichte verhandelten Sachen können nur solche Thatsachen oder Beweismittel beigebracht werden, welche der Verurtheilte in dem früheren Verfahren einschließlich der Berufungsinstanz nicht gekannt hatte oder ohne Verschulden nicht geltend machen konnte.

Zu diesen Vorschlägen ist im Einzelnen Folgendes zu bemerken:

ad A. Gerichtsverfassungsgesetz: Die Aenderung des § 77 empfiehlt sich aus Ersparnißgründen.

Die Berufungsgerichte sollen die Oberlandesgerichte sein. Dem von Munkel gemachten Vorschlag der detachirten Strafkammern glaube ich nicht beitreten zu können. Auch würde durch dieselben keine Kostenersparniß eintreten, im Gegentheil, man hätte einen Mehraufwand an Personal nöthig. Ferner würde der Umstand, daß Berufungs- und Instanzrichter einem und demselben Collegium angehören, zu mancherlei Unzuträglichkeiten führen. Als Revisionsgerichte wären die Oberlandesgerichte dann nur mehr bezüglich Verletzungen landesrechtlicher Normen zuständig, da sämmtliche Rügen wegen Verletzungen des Reichsrechtes an das nach Einführung der Berufung bedeutend entlastete Reichsgericht zu kommen hätten, welches allerdings als Revisionsgericht auch über Verletzung landesrechtlicher Normen durch Urtheile der Oberlandesgerichte in der Berufungsinstanz zu entscheiden haben wird. In Folge dieser Entlastung wird es auch möglich sein, Beschwerden gegen

Entscheidungen der Oberlandesgerichte an das Reichsgericht zu bringen, welches bereits über Beschwerden gegen Beschlüsse der Civilsenate der erstern entscheidet und mit Einführung der Berufung jeder Grund wegfällt, das Beschwerderecht gegen Entscheidungen der Strafsenate der Oberlandesgerichte zu beschränken.

Die Aenderungen in § 136 Abs. 1 machen Abs. 2 dieses Paragraphen gegenstandslos, indem eben dadurch das Reichsgericht für alle Fragen des Reichsrechts als Revisionsgericht zuständig wird.

ad B. Strafproceßordnung: Die Aufnahme der wesentlichen Ergebnisse der Hauptverhandlung vor dem Schöffengerichte ist durch die Berufungsfähigkeit der Urtheile der letztern bedingt und hätte dies nach Einführung der Berufung auch bei den Urtheilen der Landgerichte zu geschehen.

Bezüglich des Beschwerderechts gegen Beschlüsse der Oberlandesgerichte gilt das hierüber bei den Bemerkungen zu den Aenderungsvorschlägen des Gerichtsverfassungsgesetzes Gesagte.

Die Aenderungen der §§ 354 u. 374 bedürfen keiner weiteren Bemerkung.

Eine Beschränkung der Revision gegen Urtheile der Landgerichte in der Berufungsinstanz, wenn es sich um Verletzung processualer Normen handelt, hätte bei einer Ausdehnung der Berufung keinen Sinn mehr. Entweder müßte § 380 verallgemeinert werden und dadurch würde die reichsgerichtliche Rechtsprechung auf das Verfahren so gut wie ausgeschlossen sein, was die Rechtspflege im höchsten Maße schädigen würde, oder die Revision wegen Verletzung der Vorschriften über das Verfahren muß gegen alle Berufungsurtheile in unbeschränktem Maße zugelassen werden.

§ 399 Ziff. 5 enthält eine Beschränkung der Wiederaufnahme des Verfahrens bei schöffengerichtlichen Urtheilen wegen deren Berufungsfähigkeit, woraus sich die Ausdehnung auf die Urtheile der Landgerichte nach Einführung der Berufung gegen diese Letzteren von selbst ergibt.